LA HISTORIA SE REPITE

¿Estamos a tiempo?

Pablo G.

INTRODUCCIÓN

Esta es una historia que llega desde el futuro, donde seres superiores nos han tratado de enseñar (a través de advertencias como virus , terremotos, erupciones y otros fenómenos naturales) a conservar nuestro planeta. Es una mirada desde otro punto de vista de estos fenómenos naturales. Pero el ser humano no entiende.

La autodestrucción de nuestro planeta y el término de nuestra vida en la Tierra es inminente. Muchas señales nos han querido dar pero no aprendemos, nos empeñamos en autodestruirnos.

¿Habrá una oportunidad?

Este es un llamado desde el origen para darse cuenta que aún es tiempo de cambiar.

El futuro está en manos de los pequeños lectores.

AGRADECIMIENTOS

Mis agradecimientos para ti que tienes el libro en tus manos y especialmente para mi hija Sofía, las ilustraciones que verás en este libro son de su autoría.

SIN DORMIR

No he podido dormir, no dejo de pensar en la visita que hicimos ayer a un universo lejano. En el cual existe una pequeña galaxia que alberga un sistema solar, donde un diminuto planeta envuelto en agua se reiniciará.

Hace apenas un período, el Concejo Mayor volvió a sembrar vida en ese planeta.

Las cosas funcionaron mal otra vez. Una especie fue
evolucionando de manera diferente a las otras, lo que

produjo un gran desequilibrio. Esta forma de vida tuvo características que nunca se pensaron posibles. No se sabe si fue una mutación genética o bien ellos mismos desarrollaron estas particulares propiedades.

Es difícil que les pueda explicar lo sucedido, hay palabras que no conocemos ya que no forman parte de nuestra existencia. Sentimientos y acciones que casi resultan inimaginables para nosotros.

Estos seres vivos a quienes identificamos como seres humanos, nunca entendieron su propósito en este planeta al que ellos nombraron Tierra, una contradicción propia de la ceguera de esta especie, ya que el planeta está rodeado de agua en un 70%.

DIOSES

Adoraron todo lo que fueron incapaces de comprender: al Sol, a los rayos, al amor, a la muerte, al mar y hasta a ellos mismos.

Crearon grandes altares, dioses y religiones; veneraron imágenes y esculturas; sacrificaron vidas en razón de sus dioses.

Eran seres ambiciosos de poder y de dinero. Esto los llevó a cometer asesinatos, traición, mentira, engaño y un sinfín de acciones propias de los humanos. Acabaron con civilizaciones completas, destruyéndolas, sometiéndolas y conquistando en nombre de reyes y dioses. Tal vez no comprendan estas actitudes, pero créanme, muy comunes en ese mundo.

DEMOCRACIA

Se inventaron algo llamado democracia que era la validación de un sistema que daba poder a unos pocos en desmedro de todos.

También existía la dictadura, en el fondo era lo mismo que la democracia, pero no se daban cuenta porque en los dos casos había unos pocos hombres que decidían todo. La diferencia es que en democracia tenían que manipular las masas para lograr su objetivo, en dictadura no era necesario ese desgaste.

ELEGIDOS

Siempre necesitaron un líder, un Presidente, un Rey, un Papa, un Califa, un Rabino, un Dalai Lama, en fin. Debo comentar que esto de los líderes para nosotros fue una ventaja, ya que nos facilitó participar en su mundo.

En algunas ocasiones tuvimos que intervenir y enviar a algunos de nuestros elegidos, para ver si lográbamos dar un nuevo rumbo a esta especie y así salvar la existencia.

Se hicieron o se reflejaron como ellos, como hombres, nunca quisimos que conocieran nuestra especie, era peligroso.

En la Tierra fueron conocidos como Luther King,
Gandhi, Jesús , etc. Sufrieron mucho tratando de aportar
a la raza humana, tuvieron que volverse "hombres",
sentir y pensar como ellos para comprender su modo de
vida y a partir de ahí lograr un cambio, pero finalmente
a pesar de todo su esfuerzo no fue posible. Un libro,
una estatua, una imagen, es todo lo que quedó de ellos.
Reconocidos como grandes hombres, pero los humanos
nunca cambiaron.
Se dividieron el planeta en territorios que nombraron

reinos y luego países, divididos a la vez por múltiples grupos, ya sea por creencia, por ideologías inventadas, por la forma de gobernar, por cualquier cosa que los hiciera distinto al uno del otro. Vivían segregados por algo que llamaban clases sociales, donde una clase no se juntaba con la otra, salvo para la explotación de la menos favorecida. La educación y bienestar era muy dispar entre estos grupos, uno se creía superior al otro y este último a la vez se sentía inferior.

TECNOLOGÍA

Hay que mencionar que esta especie fue muy creativa. Inventaron todo lo posible de inventar, el fin era conseguir una vida más cómoda, pero para tener estos artefactos que facilitaban la existencia, debían sacrificar precisamente la vida en sí. Vivieron para y por las cosas.

Con toda esa inteligencia y capacidad de crear, sólo adelantaron su destrucción. No vieron que desde el comienzo tenían una vida cómoda, con una naturaleza que les daba todo lo que podían necesitar para existir. Pero en su afán de "sociedad desarrollada" se llenaron de necesidades que nunca debieron tener y nunca fueron imprescindibles.

Iniciaron con herramientas muy básicas que les facilitaban sus labores en la obtención de alimentos que la naturaleza les daba en forma   generosa y abundante. Luego fue creciendo su ambición y comenzaron a comercializar

Tratamos de advertirles de muchas formas para evitar su autodestrucción. Además de todos esos líderes provocamos plagas, virus mortales, cataclismos, grandes incendios, erupciones volcánicas, inundaciones, sequías, bacterias asesinas, en fin.

Si bien es cierto estos fenómenos los hacían pensar por unos momentos en lo realmente importante, en poco tiempo ya estaban nuevamente cometiendo los mismos errores.

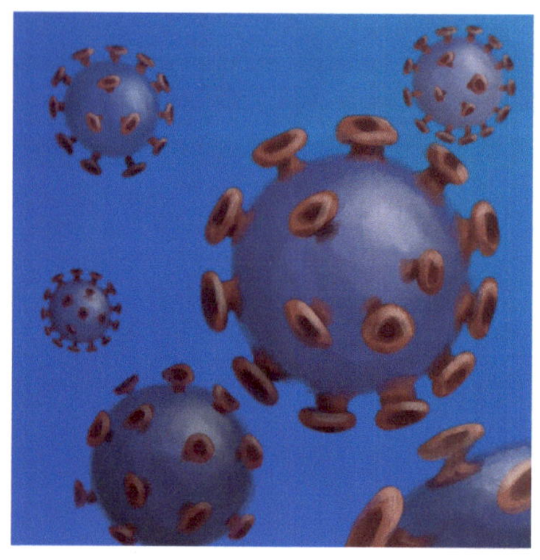

Nada fue suficiente para despejar su ceguera y permitirles valorar su existencia, el hermoso planeta donde vivían y compartían que otras especies maravillosas.

INICIA EL FIN

Hoy este planeta está en el año 2.333. De la fertilidad de los suelos solo queda el recuerdo, de sus aguas cristalinas sólo los cauces secos de los ríos que algún día dieron vida a este pequeño mundo. Del hombre sólo se sabe que algunos subsisten en cuevas, como en un principio, y como fue su costumbre, en guerra con otros sobrevivientes, sin entender todavía que esto fue una de las causas que los condujo al fin.

Tal vez alcance a ver un mundo mejor, mi bisabuelo, a sus 420 años, cuando estaba en lo mejor de su vida me contó que estuvo en La Tierra y quedó maravillado con toda la riqueza y hermosura de ese territorio.

Pudo ver también como los hombres fueron destruyendo todo este planeta. Que la codicia por el poder, el desprecio por la naturaleza y la incapacidad de comprender las diferencias y convivir con ellas los llevó a lo que llamaron la tercera guerra mundial, en la que todos perdieron.

El Concejo Mayor ya cambió el rumbo de un iniciador, esto es lo que los hombres llaman cometa, el cual impactará el planeta Tierra para así terminar todo y con esto dar reinicio a un nuevo mundo.

COMETA

Si las cosas no cambian y los seres humanos siguen en lo mismo, mañana el cometa tocará el planeta Tierra, mañana dejará nuevamente semillas de vida, comenzará otro ciclo. Volveré a visitar la Tierra en el próximo período, y por supuesto contaré que ha sido de este lejano y diminuto planeta.

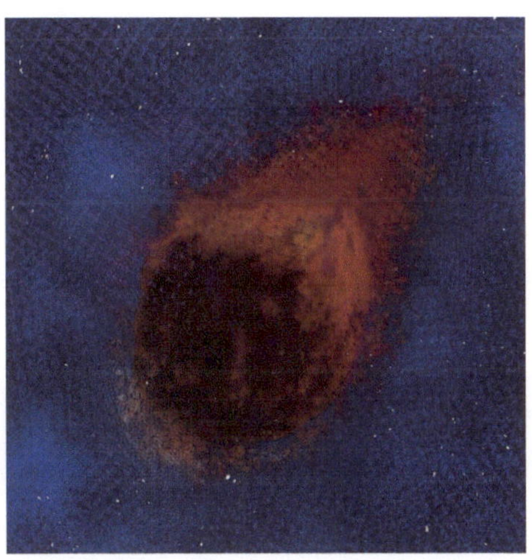

21

Si todo anda bien, y finalmente este mundo se da una oportunidad, tal vez en un próximo viaje a tu planeta me encuentre contigo...

*Escanea este código, una
sorpresa para ti.*

EPÍLOGO

*¿Cómo crees   que terminará
esta historia?*

Este espacio lo llenas tú.

PENSEMOS Y DESARROLLEMOS ESTOS TEMAS.

¿Sabes quién fue Martin Luther King?

Pega una foto.

¿Quien fue Mahatma Gandhi?

Pega una foto.

¿Jesús pudo ser un un enviado de otro mundo?

Desarrolla.

____

____

____

____

____
____
____
____
____
____
____
____
____
____

¿Crees que la vida en nuestro planeta está en peligro?

Desarrolla.

____
____
____
____
____
____
____
____
____
____
____

FIN

CONOCE AL AUTOR